30 Tage auf

GRÖNLAND

Für Maurice, den ich – erwartungsgemäß – vermisst habe,
und der mir seine Skihandschuhe geliehen hat!

F. D.

Fleur Daugey & Stéphane Kiehl

30 Tage auf

GRÖNLAND

Übersetzt aus dem Französischen
von Annette von der Weppen

Karl **Rauch**

* Eigentlich haben wir Englisch gesprochen.

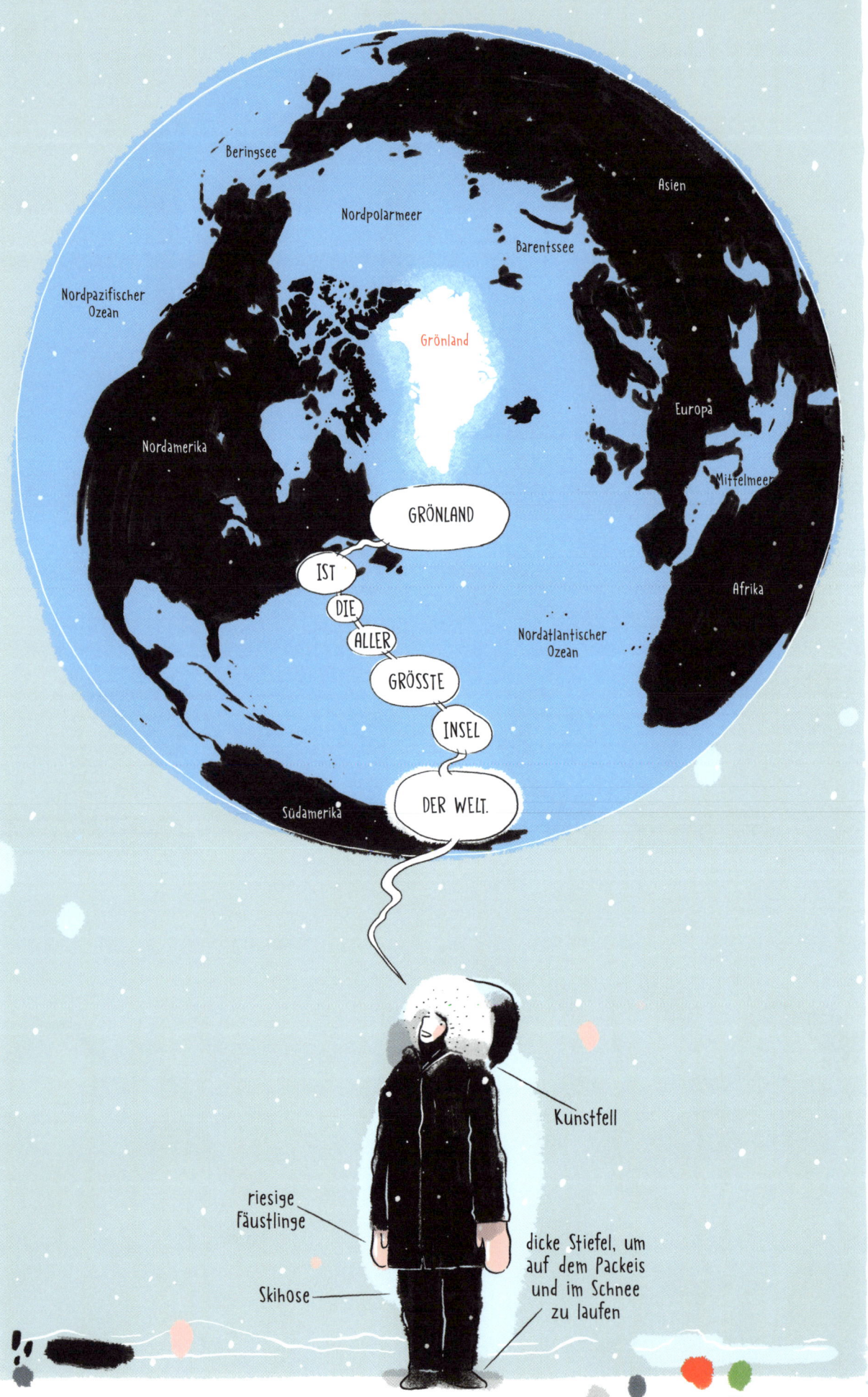

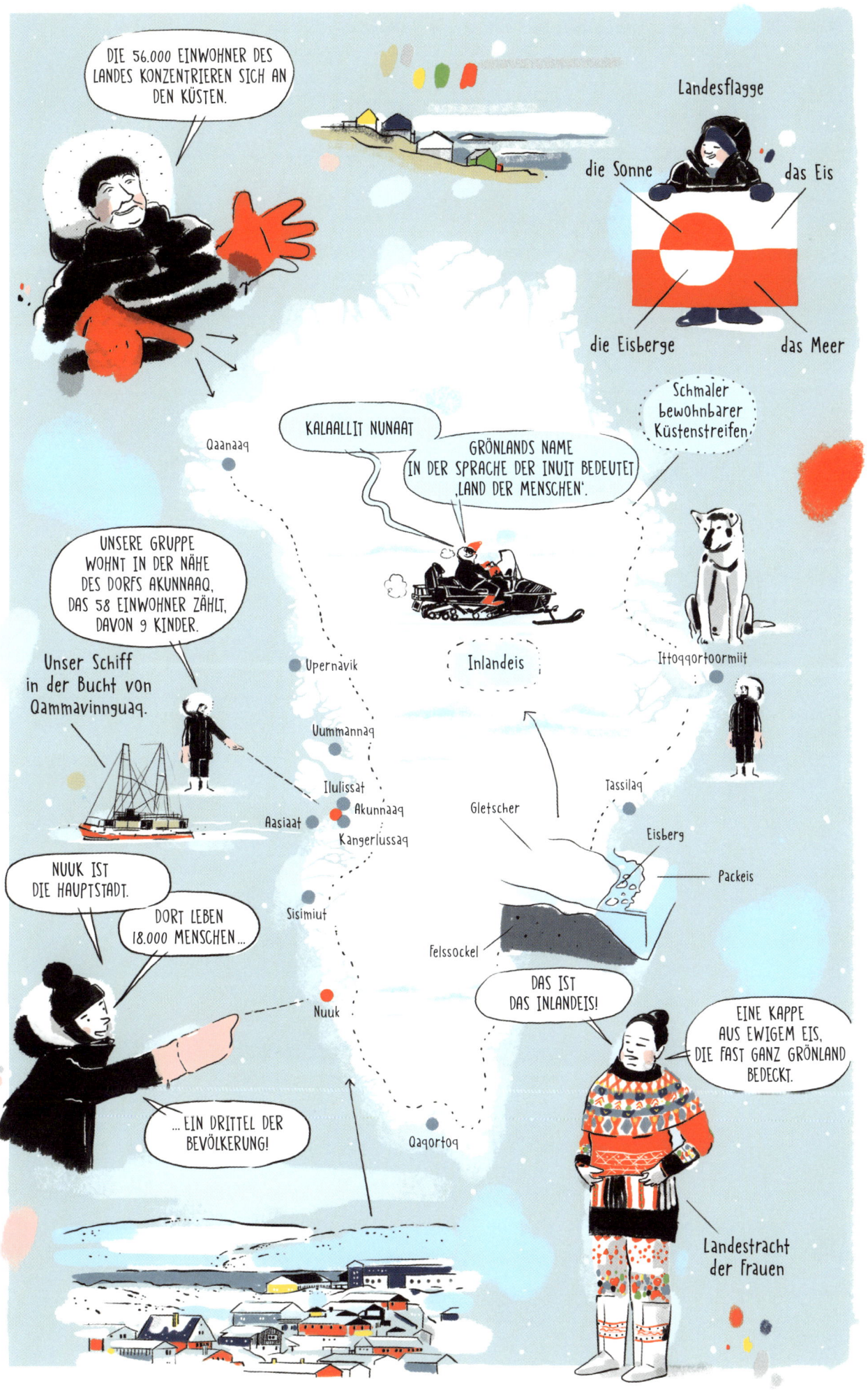

Vom Nachbarort Aasiaat aus bringt uns Lars mit seinem kleinen Boot über die Bucht nach Akunnaaq.

Rucksäcke

Lars,
ohne Sturmhaube,
ohne Handschuhe.

Wir passieren majestätische Eisberge.

Ich, tief berührt, die Augen
voller Tränen, die der Wind
gefrieren lässt. Glücklich.

Gletscher sind gewaltige Ströme aus Eis, die im Inlandeis entspringen. Sie schieben sich langsam bis zum Meer und setzen dort riesige Eisblöcke frei: die Eisberge.

Man spricht bei diesem
Vorgang davon,
dass der Gletscher ‚kalbt‘.

Diese Blöcke aus gefrorenem Süßwasser legen weite Strecken zurück und schmelzen allmählich, bis sie sich endgültig im Meer auflösen.

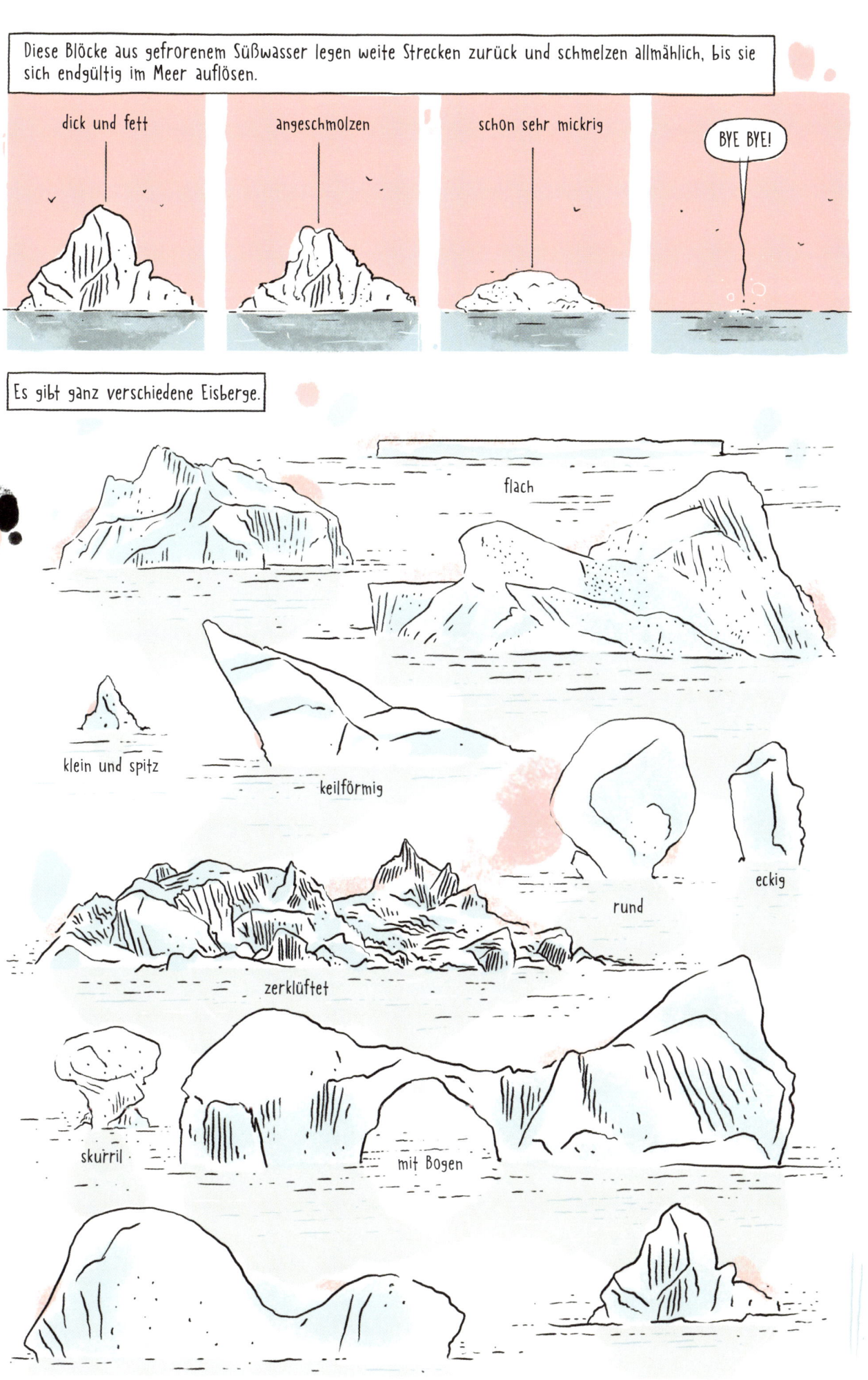

Über Wasser sieht man immer nur einen winzigen Teil des Eisbergs,
selbst wenn der so hoch ist wie ein 25-stöckiges Gebäude!

90% seiner Masse
befinden sich unter Wasser.

Das beschleunigte Abschmelzen
der Gletscher aufgrund der Klimaerwärmung
führt dazu, dass immer mehr
und immer größere
Eisberge freigesetzt werden.

Am Südpol hat sich im Jahr 2000 ein gigantischer
Eisberg namens B-15 vom Eisschild der Antarktis gelöst:
mit einer Länge von 122 Kilometern und einer Fläche
hundert Mal so groß wie die von Paris!

Das Dörfchen Akunnaaq

Unser Boot legt am Landungssteg an.
Philippe und Louis nehmen uns in Empfang.

Mir ist dermaßen kalt, dass ich meine Gelenke nicht mehr bewegen kann.

eingefrorene Knie

Die erste einer ganzen Reihe einzigartiger Erfahrungen im kältesten Klima, das ich je erlebt habe. Eine weitere sind die gefrorenen Mini-Stalaktiten, die sich bei –30°C in der Nase bilden. Ein irres Gefühl!

HA, HA, ECHT COOL!

Tränen verwandeln sich in Perlen aus Eis.

OOOH!

Ein Foto zu machen wird zum Wettlauf mit der Zeit.

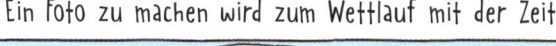

SCHNELL, HAND-SCHUHE AUS!

Superwarme Fäustlinge, von meinem Liebsten aus Quebec geliehen.

UND HANDY RAUS, SCHNELL!

Das Handy unbedingt warmhalten, sonst ist die Batterie in zwei Sekunden leer.

UND EIN FOTO MACHEN, ZACK!

Finger kurz davor zu Eiszapfen zu werden.

Sobald ich die Knie wieder beugen kann, folge ich den anderen zur Schule hinauf.

Dort treffen wir Jens Piitaq, einen der beiden Lehrer des Dorfs.

Drinnen läuft die Heizung auf vollen Touren.

Es ist gerade große Pause.

Von den neun Kindern in Akuunaaq sind sieben im schulpflichtigen Alter.

Jens Piitaq ist unser erster Anlaufpunkt im Dorf. Sein Klassenzimmer wird ein bisschen das unsere.

Die Schule ist für uns auch gleichbedeutend mit Duschen, allerdings nur ungefähr einmal pro Woche.

Toiletten gibt's dort auch! Aber nicht mit Kanalisation oder Klärgrube, weil man im gefrorenen Boden nicht graben kann! Stattdessen bestehen sie aus einem dicken Müllsack.

Aber auf dem Schiff: keine Dusche, kein Klo ...

hier

Wir müssen unser Geschäft in einer dafür eingerichteten Ecke auf dem Packeis erledigen, vorn am Bug. Da ist die Schule echter Luxus!

Kaaaaalt

ES WÄR SCHÖN, WENN IHR DEN KINDERN EINEN KLEINEN KURS ANBIETEN WÜRDET.

Also bin ich ein paar Mal in die Schule gegangen, um einen Workshop übers Comicschreiben und eine Einführung ins französische zu geben.

SUPER! SEHR LUSTIG!

Das Unterrichtsklima ist sehr entspannt.

Und die Pausen zahlreich.

Sie werden mit Spielen im Schnee oder auf dem Handy verbracht, während JP und ich Tee trinken.

ICH BIN ZWAR DER ONKEL VON MARI UND RIKKA, ABER HIER VOR ALLEM IHR LEHRER!

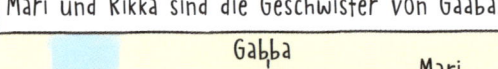

Mari und Rikka sind die Geschwister von Gaaba.

Rikka
Gabba
Mari

Die Schule hat einen Gemeinschaftsraum, wo wir erstmals das ganze Dorf kennengelernt haben.

Wir haben dafür den ganzen Tag Brot, herzhaften Kuchen und Plätzchen gebacken.

WO IST DAS MEHL?

HAT WER DEN ZUCKER GESEHN?

ARGH! ICH HAB HUNGER!

AUA!

AUA! IST DAS HEISS!

Alle schleppen Berge von Essen an, einen großen Topf Suppe und alle möglichen grönländischen Gerichte. Ich für meinen Teil habe den Bretonischen Flan meiner Mutter gemacht.

Der herzhafte Kuchen von Oïjha und Théo

Halbgetrockneter Dorsch

Mattak — Schwarte und Haut vom Schweinswal (Kleiner Tümmler)

Fischsuppe mit Garnelen

Lachs, noch tiefgefroren

Tee

Ammassat (getrockneter Kapelan)

Das Brot von Louis

Flan mit Backpflaumen

Jetzt durfte man nicht die Nase rümpfen. Auf Reisen sollte man angebotene Speisen unbedingt probieren, wenn man kein Fremder bleiben will. Nur so wird man von der Gemeinschaft akzeptiert.

← Mattak

Auch die Inuit entdecken ungewohnte Aromen ...

schnüffel

???

Dann ist es Zeit für Spiele. Aurélie muss gegen Lars antreten, einen schelmischen alten Mann. Es geht darum, wer am schnellsten ohne Hände zwei gekreuzte Stockfische essen kann ...

Aurélie gewinnt!

Während Oïjha den anderen Tanzunterricht gibt, unterhalte ich mich mit Gaaba.

ICH BESUCHE MEINE ELTERN ÜBER DIE FERIEN.

ICH LEBE IN NUUK UND BIN JOURNALIST BEIM LANDESRADIO.

blondierte Strähne
schicke Brille
Pullunder mit dem Wappen von Griffindor

Er lädt mich häufig zu sich ein. Seine Eltern, Lars und Juliane, sind sehr gastfreundlich. Trotz der Sprachbarriere fühle ich mich bei ihnen wie zu Hause.

Auch bei Gaaba gibt es oft grönländische Gerichte.

Wal-Mattak

Halbgetrockneter Kabeljau

Rohe Seehundleber

Aufgetaute Garnelen

Senf

Cornichons

Rohe Seehundnieren

NA LOS ...

PROBIER!

EINMAL SOLLTE ICH AUCH EIN WAL-STEAK PROBIEREN.

DAS WAR KÖSTLICH!

ZU HAUSE HÄTTE ICH MICH GEWEIGERT!

ABER HIER GEHÖRT DAS ZUR GRÖNLÄNDISCHEN KULTUR UND LEBENSWEISE ...

NUR DEN INUIT IST ES ERLAUBT, JEDES JAHR MEHRERE WALE ZU TÖTEN.

Das Wohnzimmer bei Gaaba.

Robbenfell

Zahn eines Narwals,
von Lars erlegt

Die heutigen Inuit sind gleichermaßen in der modernen Kultur und der Tradition zu Hause. Sie ernähren sich weiterhin überwiegend von der Jagd und vom Fischfang, und ein Jäger genießt immer noch hohes Ansehen in der Gemeinschaft. Trotzdem leben die Grönländer nicht in der Vergangenheit. Internet, Fernsehen und Smartphones sind feste Bestandteile ihres Alltags. Fast alle Einwohner von Akunnaaq haben ein Facebook-Profil.

Gemälde von Jens Piitaq

Karibu-Ragout

DIESES KARIBU IST JETZT DA IM TOPF.

Nur wenige Inuit haben ein Auto, weil es kaum Straßen gibt. Aber viele besitzen ein eigenes Boot.

Lars, der Vater von Gaaba, und sein Sohn Rikka bei der Seehundjagd.

Moderne Boote haben die traditionellen Kajaks nach und nach ersetzt.

Kajak aus Holz und Tierfellen

Paddel

Riemen, der Schwimmer und Harpune verbindet.

Harpune

Schwimmer

Traditioneller Jäger, der seine Harpune mit einer Schleuder wirft.

Der Schwimmer aus Robbenfell markiert die Stelle, wo der harpunierte Seehund untergegangen ist.

Das Umiak wird auch ‚Frauenboot' genannt, weil damit meist Frauen ruderten, oftmals singend.

Dieses Boot wurde vor allem für Reisen und den Transport von Personen und Gepäck eingesetzt.

Die Robbenjagd war auch auf dem Eis möglich, durch ein Loch, das die Tiere zum Luftholen nutzen.

Sobald der Seehund den Anzeiger auslöste, stieß der Jäger mit aller Kraft zu!

Anzeiger

In Akunnaaq haben Lars und seine Familie eine raffinierte Fischfang-Methode entwickelt.

Lars bohrt mit dem ‚Took‘ - eine Art dicker Besenstiel mit Stahlspitze vorne dran - Löcher ins Eis.

Dann wird der ‚Took‘ wie ein Speer unter das Eis geschleudert und am nächsten Loch wieder herausgeholt.

An dem ‚Took‘ ist ein Netz befestigt.

Ein gutes Dutzend Löcher, jeweils mehrere Meter auseinander

Das Netz breitet sich unter Wasser aus.

Früher lebten die Inuit im Winter in halbunterirdischen Häusern aus Erde und Stein.

Zugang durch einen
Eingangstunnel

Drinnen war es so warm,
dass fast alle nackt blieben.

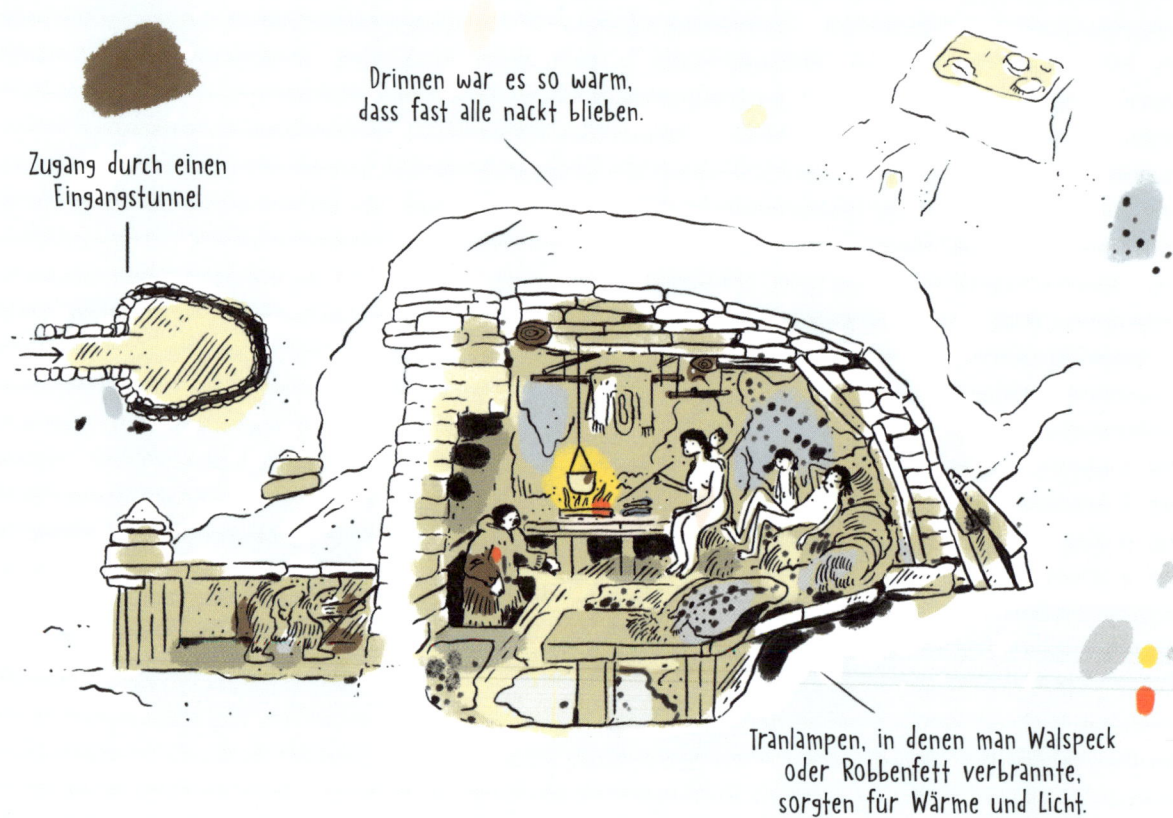

Tranlampen, in denen man Walspeck
oder Robbenfett verbrannte,
sorgten für Wärme und Licht.

Iglus waren eigentlich nur provisorische Unterkünfte für Jäger oder Familien, die auf dem Packeis jagen wollten.

Im Sommer gingen die Familien auf Rentierjagd und lebten in leichten Zelten aus Tierhäuten, mit denen sie dann ganz nach Bedarf auch weiterziehen konnten.

Ab dem 18. Jahrhundert brachten die Dänen Fertighäuser aus Holz ins Land. Anfangs hatte die Farbe der Häuser eine feste Bedeutung: Gelb für das Krankenhaus, Rot für die Geschäfte, Schwarz für die Polizeiwache ... Inzwischen kümmert sich aber niemand mehr um diese Farbvorgaben. Die Schule von Akunnaaq ist knallpink!

— Trockengestell für Stockfisch

Das Haus von Jens Pitaaq hängt voller
Lichterketten, die nachts leuchten!

Geburtstage werden immer mit einem ‚Kaffemik' gefeiert!

Die Person, die Geburtstag hat, backt Berge von Kuchen und lädt das ganze Dorf ein.

Auch wir wurden jedes Mal eingeladen.

So läuft es ab: Man geht rein, trinkt Kaffee, isst Kuchen, unterhält sich oder schweigt. Dann geht man wieder, und andere Leute aus dem Dorf treffen ein. Und immer so weiter... den ganzen Tag.

WIR SOLLTEN AUCH MAL SO EIN KAFFEMIK MACHEN!

Wir sprechen also unsere Einladung aus und verbringen den halben Tag mit Backen.

HOFFENTLICH KOMMT JEMAND...

Die Inuit haben nicht unbedingt die gleiche Zeitvorstellung wie wir. Außerdem geht die Jagd immer vor. Werden irgendwo Narwale gesichtet, brechen die Jäger unverzüglich auf!

DANN BIS MORGEN?

IMAQA!

IMAQA BEDEUTET ,VIELLEICHT'.

SO WAS WIE ,WENN GOTT WILL'.

ODER AUCH: ,KANN SEIN, KANN ABER AUCH NICHT SEIN'.

Da sind sie!

Einmal, mit Gaaba auf dem Rückweg vom Einkaufen.

WIE WÄR'S, WENN WIR MEINE OMA BESUCHEN?

SEHR GERN!

OMA? DAS IST NAASU.*

ALUU!

*Bedeutet ‚Blume' (frz. ‚Fleur') in der Sprache der Inuit

Versteht kein einziges Wort.

WILLST DU DIE LANDESTRACHT MEINER MUTTER SEHEN?

AU JA!

Plötzlich überkommen mich Zweifel. Wäre das nicht eine kulturelle Aneignung?*

*Es gilt als rassistisch, die Bestandteile einer anderen Kultur in der Mode oder als Verkleidung zu verwenden.

Die Inuit scheinen darin kein Problem zu sehen. Sie bedrängen mich, bis ich schließlich einwillige. Und ich fühle mich sehr geehrt.

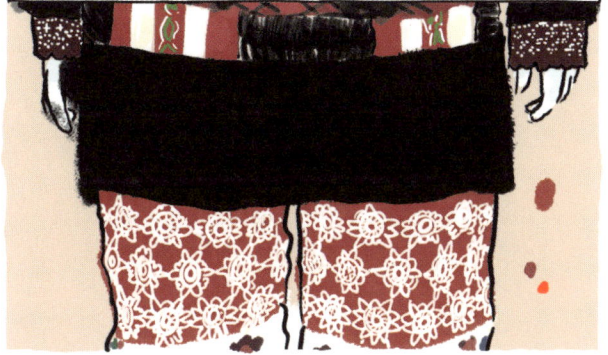

Dann soll ich auch noch mit den recht steifen Stiefeln laufen, aber ich will sie nicht abnutzen.

Umhang aus
Glasperlen

Seidenbluse

Für Männer

Anorak

Wollhose

Kamiks

Beinstulpen mit
Borte und Spitze

Kamiks aus Fell

winzige Quadrate
aus Robbenleder,
‚Avittate' genannt.

Diese Tracht gibt es erst
seit der Ankunft der Europäer,
die Seide und Glasperlen
mitgebracht haben.

Die Inuit haben sich
diese Materialien angeeignet
und mit ihrem traditionellen
Hunde- und Robbenfell kombiniert.

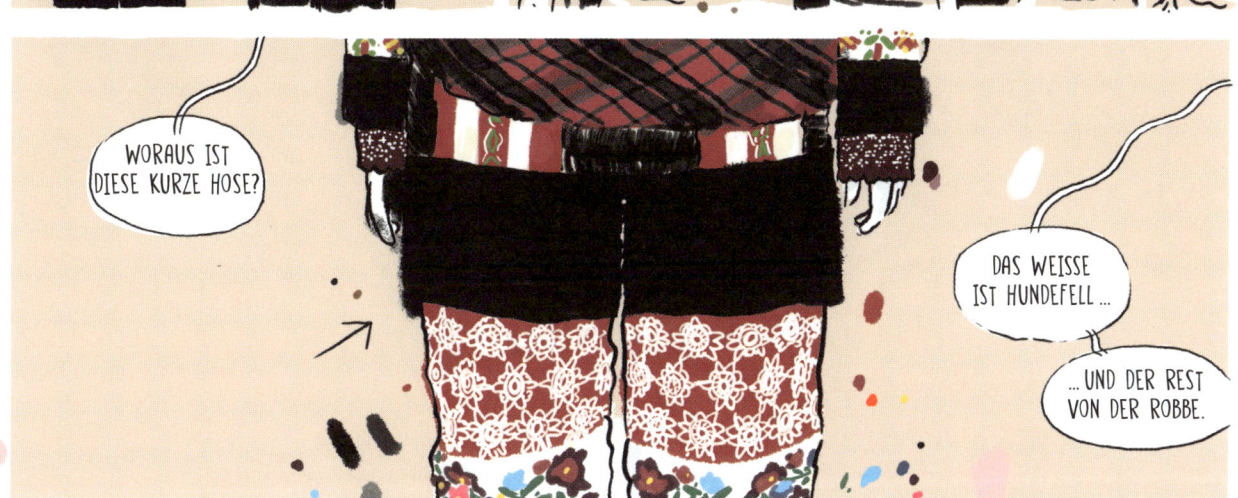

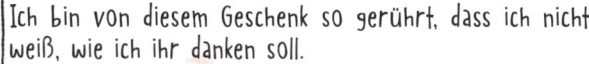

Vom Wind getragen
die Raben
wie Drachen an der Schnur

Heute ist ein großer Tag! Ich mache eine Ausfahrt mit dem Hundeschlitten von Ferdinand. Allerdings kann man Hunde nicht einfach wie einen Motorschlitten starten: Die Vorbereitungen dauern mindestens eine Stunde!

Ferdinand

Die zehn Hunde haben schnell begriffen, dass es einen Ausflug gibt, und sind völlig aus dem Häuschen. Ferdinand schirrt sie entsprechend ihrer Rangordnung an. Den Anführer als erstes.

Sobald ein neuer Hund angeschirrt ist, zeigt ihm der Anführer, wer hier das Sagen hat.

Ein wüster Tumult. Die Hunde rangeln, unterwerfen sich, pinkeln, kacken und jaulen um die Wette.

*Wird ‚takusch' ausgesprochen und bedeutet ‚bis später'.

Die Fahrt hat begonnen, sanft gleiten wir über den Schnee, das reine Glück.

Bis auf einmal …

Unser Schlitten hinterlässt eine widerlich stinkende Spur.

Der Kot der Hunde ist schwarz und flüssig und verschmutzt den makellosen Schnee. Einige halten sogar ganz kurz zum Pinkeln inne!

Später erfahre ich, dass diese stinkende Spur sehr nützlich ist, denn ihr Geruch bleibt erhalten, auch wenn ein Schneesturm alle anderen Spuren verwischt. So finden die Hunde immer nach Hause zurück, selbst wenn sie nichts mehr sehen. Ein Navigationssystem aus Kacke.

Grönlandhunde sind die dem Wolf am nächsten verwandte Hunderasse.
Sie sind stark und schnell und unglaublich kälteresistent,
deshalb leben sie immer draußen, selbst bei −40°C.

Einmal hat Gaaba mir erzählt, dass eine Sternschnuppe auf Grönländisch ,kackender Stern' heißt. Ich frage mich, ob sie das wohl wegen der Hunde sagen ...

Die Geschichte Grönlands mit Jens Piitaq.

DIE EINWOHNER GRÖNLANDS HATTEN NICHT IMMER HUNDE UND SCHLITTEN.

NICHT MAL KAJAKS!

Die erste Besiedlung fand etwa 2500 Jahre v. Chr. statt, durch Menschen, die aus Alaska kamen. Sie hatten sich zunächst im gesamten Norden Kanadas ausgebreitet, bis sie schließlich auch Grönland erreichten.

Alaska

Grönland

Kanada

Es gab mehrere Wellen von Siedlern, die sich hier niederließen, dann aber wieder verschwanden.

Extreme Lebensbedingungen und klimatische Veränderungen ließen Jagdtiere wie den Moschusochsen und das Rentier verschwinden und hatten vermutlich das Aussterben mehrerer menschlicher Populationen zur Folge.

ZU HEISS HIER, WIR VERSCHWINDEN!

So gab es zwischendurch längere Phasen, in denen in Grönland überhaupt keine Menschen siedelten!

LANGE KEINE MENSCHEN MEHR GESEHEN, ODER?

STIMMT! WAS EIN GLÜCK!

Dann kamen die Dorset-Menschen, die in etwa von 400 v. Chr. bis zum Jahr 1000 in Grönland gelebt haben. Sie besaßen keine Hunde und jagten auch keine Wale.

Um das Jahr 1000 kamen neue Siedler hinzu, die Thule, von denen die heutigen Inuit abstammen.

KUCKUCK, WIR SIND'S!

Die Thule kamen mit Hunden und Schlitten und gingen mit dem Kajak auf Walfischjagd.

Eine lautet, die Dorsets hätten sich mit den Thulen vermischt und seien vollständig in dieser neuen Kultur aufgegangen.

Genetischen Analysen zufolge ist bei den heutigen Inuit jedoch kein einziges Gen der Dorsets zu finden. Diese Erklärung hat also keinen Bestand.

Zweite Hypothese: Ein Krieg, oder gar ein Völkermord, bei dem die Thule die Dorsets ausgerottet haben. Aber in den Legenden der Inuit ist immer nur von der Freundschaft zwischen beiden Völkern die Rede …

Dritte Hypothese: eine Krankheit. Vielleicht haben die Thule einen Virus mitgebracht, gegen den die Dorset wehrlos waren.

Oder die Krankheit kam von den Wikingern! Denn auch sie haben von Europa aus zwischen 985 und 1408 einen Teil Grönlands besiedelt.

Eines Abends besucht uns Jens Piitaq.

HALLO!

ICH BIN'S!*

WILLST DU EINEN KAFFEE?

*Auf Französisch, ohne Akzent!

Schon öfter war von einer Sagengestalt namens Kassassuk die Rede gewesen, und ich will mehr darüber wissen.

JENS PIITAQ, ERZÄHL UNS DIE GESCHICHTE VON KASSASSUK.

KASSASSUK LEBTE VOR SEHR LANGER ZEIT...

...ALS WIR IM WINTER NOCH IN TORF- HÄUSERN WOHNTEN, DIE NUR DURCH EINEN ENGEN TUNNEL ERREICHBAR WAREN.

Kassassuk war ein Waisenkind. Er war sehr klein und roch sehr schlecht.

Er stank so sehr, dass keiner sich um ihn kümmern wollte. Er musste im Eingangstunnel bleiben und sich von herumliegenden Resten ernähren.

Seine Nasenlöcher waren riesig, weil jedermann ihn dort packte, um ihn aus seinem Versteck zu ziehen.

Nur eine alte Frau und ihr Mann waren freundlich zu ihm.

Der Mann fertigte oft kleine Harpunen an, damit Kassassuk mit den anderen Kinder spielen konnte.

Doch die zerbrachen sein Spielzeug jedesmal.

Kassassuk ging alleine auf den Berg.

MÖGE DER HERR ALLER KRÄFTE ZU MIR KOMMEN!

Und ein Ungeheuer erschien ...

SCHON LANGE HAT MICH NIEMAND MEHR GERUFEN.

WICKEL DICH IN MEINEN SCHWANZ, DANN WERF ICH DICH.

Kassassuk gehorchte.

Das Ungeheuer warf ihn in die Luft.

Kassassuk landete unsanft, sein Spielzeug purzelte auf den Boden.

SIEHST DU, DESHALB KANNST DU NICHT WACHSEN.

NOCH MAL!

UND?

KASSASSUK WICKELTE SICH ERNEUT IN DEN SCHWANZ DES UNGEHEUERS!

Wieder flog er durch die Luft, landete aber sicherer und weniger Spielzeug fiel herab.

KOMM MORGEN WIEDER.

Auf dem Schiff lauschen alle andächtig den Worten von Jens Piitaq.

AM NÄCHSTEN TAG, NACH EINER WEITEREN REIHE VON WÜRFEN, LANDETE KASSASSUK OHNE MÜHE. KEIN SPIELZEUG FIEL MEHR AUF DEN BODEN.

ER WAR BEREIT.

VON NUN AN KANN DIR KEINER MEHR WAS TUN.

HALTE DEINE KRAFT ABER NOCH GEHEIM. DIESEN WINTER KOMMEN DREI BÄREN INS DORF ...

Überglücklich kehrte Kassassuk ins Dorf zurück.

Einfach hier
so stehen und
ein Schneemann werden.

Zweimal pro Woche lernen wir Grönländisch bei Viggo, einem jungen Vater aus dem Dorf. Gaaba setzt sich manchmal dazu.

KALAALLISUT

|

grönländisch

KALAALLISUT

KALAALLISUT IST EINE AGGLUTINIERENDE SPRACHE, IN DER VIELE WÖRTER ZUSAMMENGEZOGEN WERDEN.

SODASS EIN SATZ AUS EINEM WORT BESTEHEN KANN.

ALEQAQARPUNGA HEISST: ICH HABE EINE GROSSE SCHWESTER.

ODER AJUNNGITTORUJUUVUNGA: MIR GEHT'S BLENDEND.

HÄH?

WAS?

WAS?

OK?!

OK

OK!

OK ...

DA STEIGE ICH NIE DURCH!

SPRECHT MIR NACH!

QUJANAQ.*

Das ‚Q' wird ‚Qr' ausgesprochen, aber das ‚r' ist guttural, ganz weit hinten im Rachen. Sehr schwierig für uns!

*Danke.

Wir versuchen es, aber es klingt eher, als würden wir ersticken.

QRRRRRUYANYQRRRR!

KRUYANAK!

QRR, QRRR

NEIN, NEIN, QUJANAQ!

DAS WIRD NIX.

OK, DANN WAS ANDERES!

BRÜDER UND SCHWESTERN!

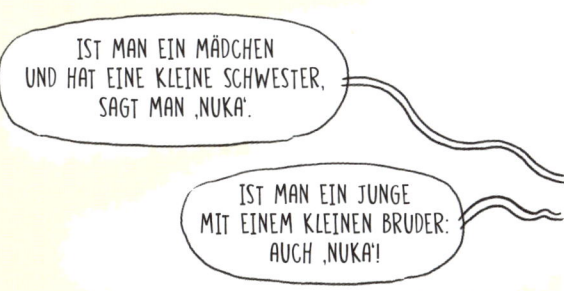

Im Grönländischen hängen die verschiedenen Begriffe für Brüder und Schwestern vom Geschlecht des Sprechers ab.

IST MAN EIN MÄDCHEN UND HAT EINE KLEINE SCHWESTER, SAGT MAN ‚NUKA'.

IST MAN EIN JUNGE MIT EINEM KLEINEN BRUDER: AUCH ‚NUKA'!

HAT EIN MÄDCHEN EINEN GROSSEN BRUDER, HEISST DER ‚ANI'. UND EIN KLEINER BRUDER ‚AQQALU'.

HAT ABER EIN JUNGE EINEN GROSSEN BRUDER: ‚ANGAJU'.

ALLES KLAR?

YES, YES ...

‚Iloq‘:
Eis, das sich auf der Fensterbank
oder einem Zelt ansammelt

‚Siku‘:
Eisschollen auf dem Meer

‚Issinnerit‘:
an den Strand gespülte Eisblöcke

‚Masannartuliorneq‘:
geschmolzener Schnee

‚Teqqiinngaq‘:
Schneewehen auf einem Hang

Einige Tiere Grönlands.

IM SOMMER BILDEN SIE RIESIGE WOLKEN...

UND STECHEN WAHLLOS ALLES, WAS SICH BEWEGT!

Mücken

Weibchen

Männchen

Stockfisch
(mit Trockengestell)

Steinschmätzer

Dieser Fisch, auch Dorsch oder Kabeljau genannt,
ist eine wichtige Einnahmequelle der Inuit.
Er wird auf großen Gestellen getrocknet,
die in allen Städten und Dörfern stehen.

Dieser Zugvogel legt von Afrika aus Tausende
Kilometer zurück und überquert das Inlandeis,
um im Westen Grönlands zu brüten.

Männchen

EINER DER WENIGEN
VÖGEL, DIE ICH IM WINTER
BEOBACHTEN KONNTE.

IM FLUG, DICHT ÜBERM WASSER.
ER ERNÄHRT SICH VON MUSCHELN
UND DERGLEICHEN.

Eiderente

Schnee-Eule

Weibchen

Lebt im Norden des Landes und ernährt sich
vor allem von arktischen Nagern: den Lemmingen.

Sattelrobbe

Verbreitetste Art und häufigste Jagdbeute der Inuit.

Mützenrobbe

In der Paarungszeit pumpt das Männchen
seine Stirnwulst ballonartig auf, um Weibchen
und anderen Männchen zu imponieren.

Narwal

DER IMPOSANTE STOSSZAHN EINES
NARWALS KANN BIS ZU 3 METER LANG
UND 10 KILO SCHWER WERDEN.

FAST ALLE MÄNNCHEN HABEN EINEN,
UND AUCH EINIGE DER WEIBCHEN.

ER DIENT ZUR VERTEIDIGUNG,
ABER SIE ERTASTEN DAMIT AUCH
IHRE UMGEBUNG.

IN EUROPA HIELT MAN DIESEN ZAHN
BIS ZUM 18. JAHRHUNDERT
FÜR DAS HORN DES EINHORNS.

Polarhase

Ist ihm der Polarfuchs auf den Fersen,
wird er bis zu 65 km/h schnell!

Grönlandwal

Wie ihre Vorfahren ernähren sich die Inuit
auch weiterhin vom Walfischfang.

Walross

Die elfenbeinernen Stoßzähne der Walrösser wachsen ein Leben lang weiter.
Sie haben eine Vielzahl von Funktionen, unter anderem
ziehen sie sich damit aufs Eis, lösen Muscheln vom Meeresboden,
und die Männchen tragen damit ihre Kämpfe aus.

JEDEN SOMMER FAHRE ICH
NACH KANGERLUSSUAQ,
UM RENTIERE ZU JAGEN.

WIR ESSEN IHR FLEISCH
UND NUTZEN IHR FELL.

— Lars, der Vater von Gaaba

Rentier

Polarfuchs
Er ist in ganz Grönland verbreitet.

Moschusochse
Trotz seines Namens ist er ein Vetter der Ziege!
Er ist der größte Pflanzenfresser Grönlands.

Lemming
Das einzige Landsäugetier, das so hoch im Norden
ohne Winterschlaf auskommt!

Eisbär
Seine Haut ist schwarz, aber darüber ist ein weißes Fell.
Die äußeren Fellhaare sind nicht weiß, sondern transparent
und hohl, was zusätzlich für eine sehr gute Wärmedämmung sorgt.

JA,
UND WIR?

FÜR SCHLANGEN UND AMPHIBIEN
IST ES IN GRÖNLAND ZU KALT!

EINIGE PFLANZEN GRÖNLANDS.

ES GIBT SO GUT WIE KEINE BÄUME IN GRÖNLAND!

NUR GANZ WENIGE IM SÜDEN DES LANDES.

ES GIBT 500 ARTEN VON BLÜTENPLFANZEN, DIE ALLE GANZ DICHT AM BODEN WACHSEN!

Arktisches Weidenröschen

Die Nationalblume Grönlands, deren Name - Niviarsiaq - ‚junges Mädchen' bedeutet.

Wollgras

Lebt mit den Füßen im Wasser und hat Blüten, die wie kleine Wattebäusche aussehen.

Zwerg-Birke

Als Baum kann sie wegen Wind und Kälte nicht wachsen, aber als Strauch hat sie sich an das raue Klima angepasst.

Nordische Waldhyazinthe

Eine von fünf Orchideenarten,
die es in Grönland gibt.

Wolliges Läusekraut

Die dichten Härchen dieser hübschen Blume
halten sie warm. Aber Achtung, sie ist giftig!

Birkenröhrling

BIRKENRÖHRLINGE SIND EIGENTLICH
KEINE PFLANZEN, SONDERN GEHÖREN
ZUM REICH DER PILZE.

DAVON ABGESEHEN
WACHSEN IN GRÖNLAND
AUCH NUR SEHR WENIGE.

DIESER KOMMT
MANCHMAL IM SÜDEN VOR
UND IST ESSBAR.

Im hohen Norden wechseln Tag und Nacht sich ganz anders ab, als wir das aus Europa kennen. Im Hochsommer geht die Sonne niemals unter – das nennt man die Mitternachtssonne.

3 Uhr morgens!

Zu anderen Zeiten tut sie zwar so, als wollte sie untergehen, aber sobald sie den Horizont berührt, steigt sie wieder höher.

GEHT SIE JETZT AUF ODER UNTER?

WAS WEISS ICH?!

Zum Ausgleich geht sie im Winter zwei Monate lang überhaupt nicht auf. Das ist die Polarnacht.

ALUU!

ALUU!

Im Januar, bei unserer Ankunft in Akunnaaq, kam die Sonne erst gegen elf aus dem Bett, genau wie wir.

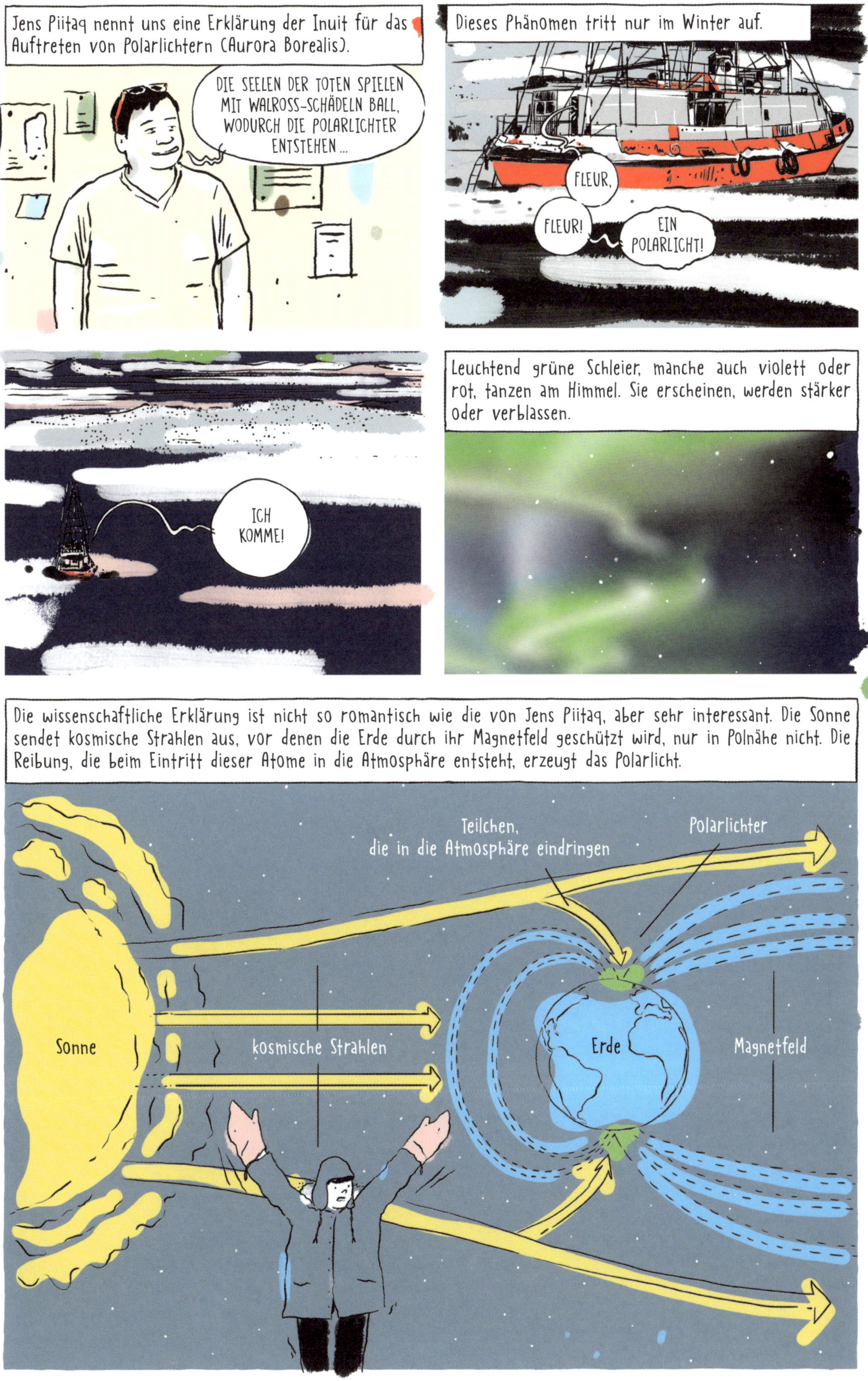

Jens Piitaq nennt uns eine Erklärung der Inuit für das Auftreten von Polarlichtern (Aurora Borealis).

DIE SEELEN DER TOTEN SPIELEN MIT WALROSS-SCHÄDELN BALL, WODURCH DIE POLARLICHTER ENTSTEHEN ...

Dieses Phänomen tritt nur im Winter auf.

FLEUR,

FLEUR!

EIN POLARLICHT!

ICH KOMME!

Leuchtend grüne Schleier, manche auch violett oder rot, tanzen am Himmel. Sie erscheinen, werden stärker oder verblassen.

Die wissenschaftliche Erklärung ist nicht so romantisch wie die von Jens Piitaq, aber sehr interessant. Die Sonne sendet kosmische Strahlen aus, vor denen die Erde durch ihr Magnetfeld geschützt wird, nur in Polnähe nicht. Die Reibung, die beim Eintritt dieser Atome in die Atmosphäre entsteht, erzeugt das Polarlicht.

Teilchen, die in die Atmosphäre eindringen

Polarlichter

Sonne

kosmische Strahlen

Erde

Magnetfeld

MEIN VATER HAT MAL EINEN QIVITOQ AUF DEM EIS GESEHEN.

ACH JA?!

NUR VON WEITEM...

GLAUBST DU ETWA AN QIVITOQS?

NEIN!

ABER ICH GLAUB MEINEM VATER.

HAHA!

HAHA! HAHAHA!

Jens Piitaq redet viel von ‚Qivitoqs'.

QIVITOQ!

Das sind Menschen, die das Dorf verlassen, um allein in der Natur zu leben.

MIR REICHT'S!

UND DANN HÖRT MAN NIE WIEDER WAS VON IHNEN, KEINER WEISS, OB SIE NOCH AM LEBEN SIND.

Sie verwandeln sich in Ungeheuer, halb Mensch, halb Geist, stets böse und sehr gefährlich.

Dem Himmel beim Tanz
unter den bunten Rock schauen
Aurora Borealis

Danksagung:

Ich danke den Einwohnern von Akunnaaq von ganzem Herzen für ihre freundliche, wohlwollende
und überaus warmherzige Aufnahme während dieses Wintermonats, den wir bei ihnen verbringen durften.
Danke, dass ihr mir so viel über euer Land und eure Kultur beigebracht habt.
Auch wenn ihr nicht namentlich genannt werdet, sind doch viele von euch zu Figuren dieser Geschichte geworden!
Ein großes Dankeschön geht ebenfalls an Philippe, den Kapitän der *Le Manguier*,
der mir dieses Abenteuer ermöglicht hat.
Und ich danke natürlich auch meinen Packeisgefährten Aurélie, Arnaud, Théo,
Oïjha und Louis für ihre Freundschaft während unseres Aufenthalts,
aber auch für die zahlreichen Fotos, die sie mir bereitwillig geliehen haben,
um die Fantasie von Stéphane, dem Zeichner dieses Albums, zu beflügeln.

Dieses Buch ist anlässlich eines künstlerischen Aufenthalts auf der *Le Manguier* im Januar 2018 entstanden.

Originalausgabe:
30 jours au Groenland © Actes Sud, France, 2019
© 2021 der deutschen Ausgabe: Karl Rauch Verlag GmbH & Co. KG, Düsseldorf
Lektorat: Matthias Wieland; Gestaltung: Kamy Pakdel, Guillaume Berga; Satz: Sebastian Maiwind.
Gedruckt auf chlor- und säurefreiem Papier. Printed in Czech Republic. Alle Rechte vorbehalten.
1. Auflage, September 2021.
ISBN 978-3-7920-0377-0

www.karl-rauch-verlag.de